Atilla Vuran

Nina Harbers

Bea und das Pontealon

Wie eine Verbindung entsteht

Liebste Nora, Du gabst mir die Chance, ein zweites Mal „erwachsen" zu werden. Dieses Buch ist Dir gewidmet, damit wir immer in Verbindung bleiben.

Dein Papa Atilla

Bea und das Pontealon

Wie eine Verbindung entsteht

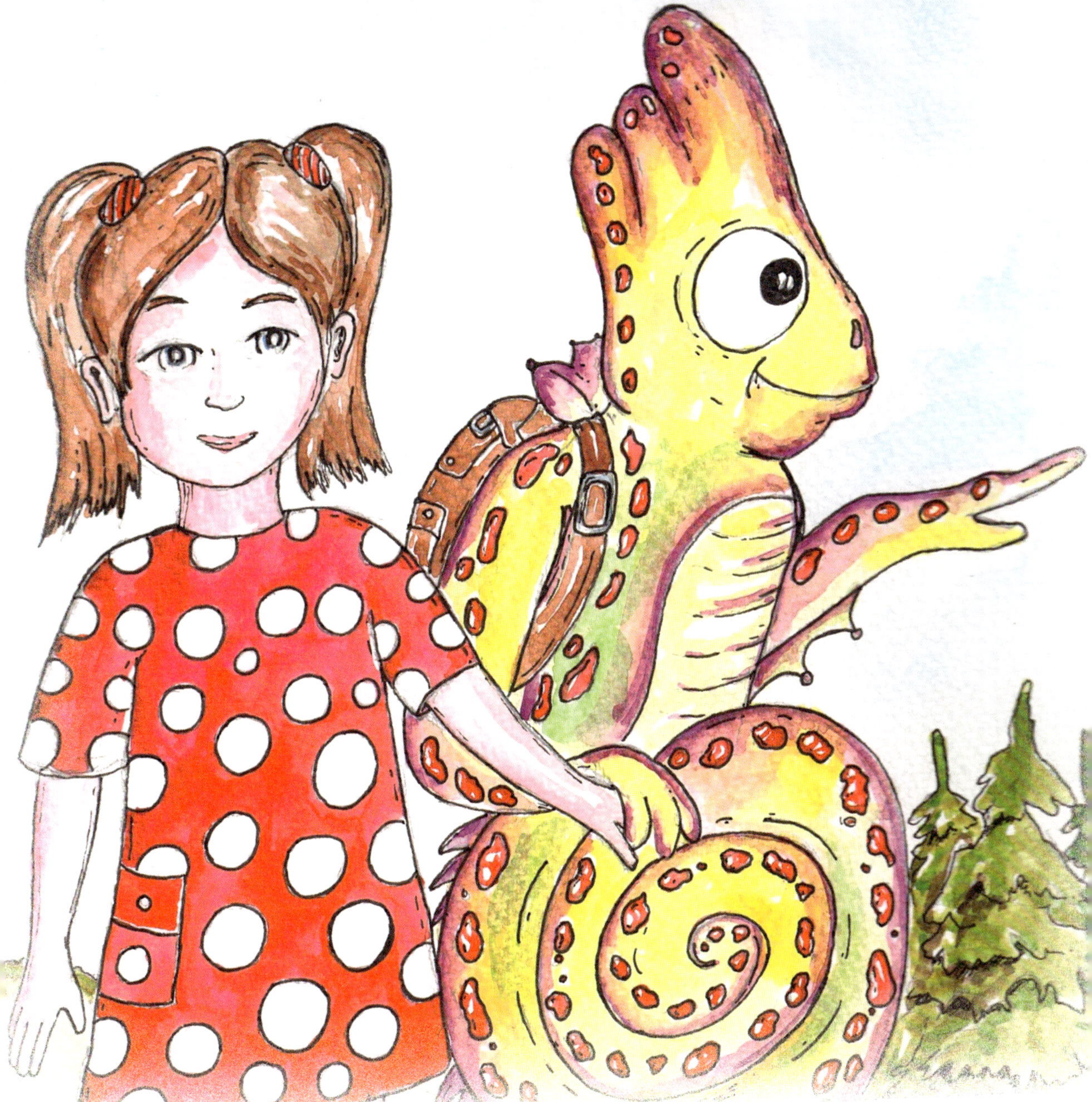

Bibliografische Information der Deutschen Nationalbibliothek
Die Deutsche Nationalbibliothek verzeichnet diese Publikation in der Deutschen Nationalbibliografie; detaillierte bibliografische Informationen sind im Internet über http://dnb.d-nb.de abrufbar.

ISBN 978-3-7664-9972-1

Im Vertrieb von: Jünger Medien Verlag + Burckhardthaus-Laetare GmbH, Offenbach

Lektorat: Anja Hilgarth, Herzogenaurach
Umschlaggestaltung: Martin Zech Design, Bremen, www.martinzech.de
Illustrationen: Alexander Fichtner, Schwarzerberg
Autorenfotos: moduleplus gmbh, Flurlingen, www.moduleplus.ch
Satz und Layout: ZeroSoft, Timisoara
Druck und Bindung: Salzland Druck, Staßfurt
1. Auflage 2022

www.pontea.ch

© 2022 by Atilla Vuran und Nina Harbers

Inhalt

Liebe Eltern

Ehrliches Mitgefühl und Liebe bringen Mensch, Tier und Natur miteinander in Verbindung. Doch oft sind wir zu sehr mit uns und unseren eigenen Gedanken beschäftigt, und die Verbindung zu den anderen geht verloren. Das führt dann schnell zu Streit, emotionalen Reibereien, Ignoranz und mangelndem Respekt.

Dieses Buch soll ein Bewusstsein dafür schaffen, wie wir unseren Intellekt dazu nutzen können, um Brücken in der Kommunikation zu bauen. Es soll dabei helfen, unsere Kinder mit Kompetenz, Mitgefühl und Liebe zu Glück und Selbstverantwortung zu entwickeln. Es soll uns dabei unterstützen, ihre Authentizität zu sehen und ihre Integrität zu schützen.

Am Ende des Buches finden Sie, liebe Eltern, eine kurze Erläuterung zu den Inhalten der einzelnen Kapitel, die Ihnen vielleicht bei der Beantwortung der ein oder anderen Kinderfrage helfen kann. Außerdem stellen wir Ihnen dort Antwortmöglichkeiten auf die aktivierenden Fragen vor, die wir Ihren Kindern in jedem Kapitel stellen.

Ich danke allen beteiligten Personen für ihr Engagement und ihre Verbundenheit, ich schätze euch sehr.

Atilla Vuran

Urlaub!

Endlich Urlaub! Bea saß nicht weit vom Haus des Pontealons auf einer Bergwiese und genoss die Aussicht. Ihre Eltern waren am Morgen zu einer mehrtägigen Wanderung ins Brückenland aufgebrochen, doch Bea wollte lieber beim Pontealon, einem ganz besonderen Chamäleon, bleiben. Nach einer Weile wehten Stimmen und Gelächter zu ihr hinüber, und sie entdeckte auf dem Nachbarberg eine Gruppe von Kindern, die vergnügt über die Wiesen tollten und miteinander spielten. Bea sah ihnen zu und wurde wehmütig: Wie gern würde sie mitspielen! Sie winkte, und tatsächlich winkten einige Kinder zurück, formten ihre Hände zu Trichtern und riefen: „Komm rüber zu uns!" Bea sah sich um, doch es gab keine Verbindung zu dem anderen Berg. Sie müsste den eigenen Berg hinunter- und den anderen wieder hinauflaufen, doch das würde viel zu lange dauern. Bea wurde traurig, und in ihren Augen schimmerten Tränen.

Das Pontealon hatte Bea schon eine Weile von der Veranda seines Hauses aus beobachtet. Es verstaute schnell einige Dinge in seinem Rucksack, setzte ihn auf den Rücken und lief zu dem Mädchen hinüber. Es fragte: „Was macht dich denn so traurig, liebe Bea?" „Ach, Pontealon", schniefte Bea, „sieh mal, dort drüben, auf dem anderen Berg, die Kinder dort ha-

ben so viel Spaß, und ich würde nur zu gerne mit ihnen spielen. Ich kann aber nicht zu ihnen gehen, weil es keine Verbindung zur anderen Seite gibt. Ich werde die ganzen Ferien über keine neuen Freunde finden." Nun kullerten dicke Tränen ihre Wangen hinunter.

Das Pontealon streichelte ihr beruhigend über den Rücken und sagte: „Ich kann gut verstehen, dass du gerne mit anderen Kindern spielen möchtest. Überleg mal, wie du vielleicht eine Verbindung zum anderen Berg herstellen könntest …"

Hast Du eine Idee, wie Bea eine Verbindung zum Nachbarberg herstellen könnte?

9

Bea sah das Pontealon überrascht an. Sie hatte überhaupt nicht darüber nachgedacht, dass sie selbst eine Verbindung zum anderen Berg schaffen könnte. Grübelnd legte sie einen Finger an die Nase, und schließlich erhellte sich ihr Gesicht. Sie rief: „Ich könnte eine Brücke bauen." Doch gleich darauf wurde sie wieder traurig und fügte hinzu: „Aber ich weiß gar nicht genau, wie man eine Brücke baut, und außerdem habe ich gar keine Brückenbretter dafür."

„Eine Brücke ist eine sehr gute Idee, Bea!", meinte das Pontealon, nahm Bea an die Hand und sagte: „Für so ein Projekt sollten wir uns Hilfe suchen. Komm, ich habe viele Freunde hier auf dem Berg. Wir besuchen sie und bitten sie um Unterstützung."

Hand in Hand gingen sie in Richtung Wald, und das Pontealon sagte zu Bea: „Du wirst schon sehen, meine Freunde sind toll, und jeder ist etwas ganz Besonderes. Höre aber auf meinen Rat: Du kannst sie am besten dazu bringen, dir zu helfen, wenn du auf sie zugehst und dich an ihre Besonderheiten anpasst." Bea verstand zwar noch nicht ganz, was das Pontealon damit meinte, vertraute ihm aber und hopste voller Vorfreude neben ihm her.

„Als Erstes gehen wir zur Meta-Maus", erklärte das Pontealon und hielt kurz inne, um in seinem dicken Rucksack zu kramen.

Kapitel 1: Die Meta-Maus

Das Pontealon zog eine Kette mit einem Käsestück aus dem Rucksack und hängte sie sich um den Hals. Kurze Zeit später kamen sie bei der Meta-Maus an.

Sieh Dir das Bild auf der rechten Seite an: Warum trägt das Pontealon wohl eine Käse-Kette?

Die Meta-Maus hatte die beiden schon von Weitem gesehen und begrüßte ihren Freund: „Pontealon, schön, dass du vorbeischaust! Wen hast du denn da mitgebracht?" „Das ist Bea, Meta-Maus. Sie macht mit ihren Eltern bei mir Urlaub." Bea sagte artig: „Guten Tag, Meta-Maus, ich freue mich, dich zu treffen." Die Maus lächelte. Doch Bea sprach gleich darauf hastig weiter: „... und ich wollte dich um Hilfe bitten. Ich möchte gerne eine Brücke zum Nachbarberg bauen, habe aber keine Brückenbretter dafür. Ich sehe, dass du dort ein schönes dickes Brett liegen hast. Gib es mir bitte!" Nun verzog die Maus verärgert das Gesicht. Sie erwiderte knapp: „Nein! Ich brauche mein Brett, um meine Vorräte zu schützen. Such dir selbst eins." Beas Blick glitt hilfesuchend zum Pontealon, das leise zu ihr sagte: „Weißt du, liebe Bea, es gibt Mäuse und auch Menschen, für die ist es in Ordnung, wenn jemand anderes die Entscheidungen für sie trifft. Manche mögen es

aber lieber, wenn sie die Entscheidung selbst treffen können. Versuch doch mal, die Meta-Maus so um Hilfe zu bitten, dass sie eine Wahl hat."

Bea sah sich um und grübelte, dann hatte sie eine Idee und sagte zur Meta-Maus: „Liebe Meta-Maus, die Brücke, die ich bauen will, wird auch dir helfen, auf den anderen Berg zu kommen, um dort Futter zu suchen. Ich habe hier als Ersatz für dein Brett einen großen Stein für dich, um deine Vorratshöhle zu verschließen. Denk doch bitte mal darüber nach."

Die Maus sah Bea überrascht an und entgegnete dann: „Ja, das ergibt Sinn für mich! Hier hast du mein Brett, ich nehme den Stein dafür." Bea bedankte sich freudestrahlend bei der Maus, verabschiedete sich und wandte sich zum Gehen. Da rief ihr die Maus noch hinterher: „Falls du noch mehr Bretter brauchst, probier's doch mal bei den Werte-Waschbären!" „Eine sehr gute Idee", meinte auch das Pontealon und winkte der Maus noch einmal zu.

Kapitel 2: Der Werte-Waschbär

Wenig später erreichten Bea und das Pontealon die Werte-Waschbären-Familie. Die Waschbärmama war gerade dabei, ihre sechs Waschbärjungen auf einem Waschbrett sauber zu schrubben.

Was denkst Du, warum hat Bea auf dem Bild rechts sechs Lollis in der Hand? Was hat sie damit vor?

Bea ging auf sie zu, begrüßte sie und sagte: „Liebe Mama Waschbär, ich möchte mir eine Brücke zum Nachbarberg bauen und habe erst ein einziges Brückenbrett. Würdest du mir dein Waschbrett geben? Ich habe genau sechs Lollis in meiner Tasche und würde sie dir zum Dank für deine Kinder schenken." Mama Waschbär verzog angewidert ihr Gesicht und entgegnete: „Oh nein, wir ernähren uns gesund. So etwas wie Lollis gibt es für meine Kinder nicht." Bea war erstaunt. Sie konnte nicht verstehen, dass jemand keine Lollis annehmen wollte.

Das Pontealon nahm sie zur Seite und erklärte ihr: „Dies ist die Werte-Waschbär-Familie, und sie legt großen Wert auf gesunde Ernährung. Deshalb essen sie auch keine Süßigkeiten." Bea wurde rot, doch das Pontealon zwinkerte ihr beruhigend

zu und zeigte auf einen Apfelbaum ganz in der Nähe: „Lass uns ein paar Äpfel für die Familie pflücken; die Mama hat so viel zu tun mit ihren Kleinen, sie hat dafür nur selten Zeit."

Mit den saftigen Äpfeln ging Bea schnell zurück zur Waschbär-Mama und bot sie zum Tausch für das Waschbrett an. „Für diese gesunden Leckerbissen gebe ich dir sehr gerne mein Brett, vielen Dank! Ich wünsche dir viel Erfolg für deine Brücke. Es könnte sein, dass die Gämse noch ein weiteres Brett für dich hat …"

Kapitel 3: Die Grundüberzeugungs-Gämse

Um die Grundüberzeugungs-Gämse zu erreichen, mussten Bea und das Pontealon ein gutes Stück den Berg hinaufwandern. Als sie endlich unterhalb des Felsvorsprungs ankamen, auf dem die Gämse gerade die Sonne genoss, rief das Pontealon noch etwas außer Atem: „Hallo Gämse, wir haben uns ja eine Weile nicht mehr gesehen!" „Hallo, mein Freund, das stimmt, du kraxelst nicht so oft den Weg zu mir hinauf! Was führt dich zu mir?"

Warum sieht Bea so traurig aus?

Während die beiden Freunde sich unterhielten, ließ Bea ihren Blick schweifen und entdeckte ein Brett, das sie für ihre Brücke verwenden könnte. Es lag jedoch noch oberhalb der Gämse auf einem Felsvorsprung. „Das Brett der Gämse ist unerreichbar, da kommen wir niemals hoch!", dachte sie enttäuscht, zupfte das Pontealon an der Hand und tuschelte: „Wir können gleich wieder gehen, an das Brett komme ich nie heran!" „Aber warum denn nicht?", fragte das Pontealon. „Nur weil du denkst, dass es nicht geht, heißt das noch lange nicht, dass es wirklich nicht geht. Die Gämse ist ein super Kletterer, sie kann dir mit Leichtigkeit helfen, das Brett zu holen." Nun wandte es sich an

die Gämse: „Das hier ist meine Freundin Bea. Sie möchte gerne eine Brücke zum Nachbarberg bauen. Wir haben aber erst zwei Bretter dafür und wollten dich um ein weiteres bitten."

„Dort oben liegt ja eins, aber da kommen wir niemals hin, das ist viel zu hoch", rief Bea dazwischen. Die Gämse lächelte Bea nachsichtig zu und entgegnete: „Früher habe ich auch so gedacht. Ich befürchtete, dass ich nicht gut genug klettern könnte, um hier zu überleben. Aber heute weiß ich, dass ich mich von meinen Überzeugungen nicht einschränken lassen darf." Noch bevor die Gämse den Satz beendet hatte, war sie einmal die steilen Felsen hinauf- und wieder hinuntergeklettert. „Wie hast du das denn so schnell geschafft?", fragte Bea beeindruckt. „Ich habe einfach immer weiter geübt, und irgendwann konnte ich es. Probier es doch auch einmal, ich helfe dir gerne."

Noch etwas zögernd, aber mit neuem Mut ging Bea zum Felsen. Nach einigen Fehlversuchen gelang es ihr schließlich – begleitet durch die Gämse –, Stück für Stück den Felsen zu erklimmen. Für das letzte Stück kletterte sie auf die Gämse und konnte so das Brett erreichen. Überglücklich warf sie es hinunter zum Pontealon, das das Brett sorgsam in seinem Rucksack verstaute. Vorsichtig kletterte auch sie wieder nach unten und war stolz, als die Gämse anerkennend zu ihr sagte: „Aus dir könnte eine tolle Gämse werden!"

Die beiden Wanderer verabschiedeten sich von der Grundüberzeugungs-Gämse und gingen weiter zum Stärken-Storch,
der an einem nahegelegenen Weiher wohnte.

Kapitel 4: Der Stärken-Storch

Findest Du ein weiteres Brett für Bea in dem Bild?

„Hallo, lieber Stärken-Storch", rief Bea dem Storch zu. Sie bemühte sich, möglichst laut zu sprechen, damit der Storch sie in seinem hohen Nest hören konnte. „Ich bin Bea, und ich möchte eine Brücke zum Nachbarberg bauen, um dort mit den anderen Kindern zu spielen. Ich habe aber erst drei Bretter und möchte dich um Hilfe bitten. Hast du nicht ein weiteres Brett für mich?" Der Storch hatte nach kurzem Nachdenken keine gute Nachricht für Bea: „Nein, ich kann dir leider nicht helfen. Mit meinen dünnen Beinen könnte ich mit der Last eines Brettes auch gar nicht laufen. Und ich habe

nicht so starke Krallen wie ein Adler, um damit ein Brett im Flug transportieren zu können."

„Aber Storch", mischte sich das Pontealon ein, „du sollst uns ja auch nicht beim Tragen helfen. Wir würden gerne deine Stärken nutzen, um ein weiteres Brett zu finden. Du könntest deine Flugfähigkeiten und deinen guten Orientierungssinn nutzen, um aus großer Höhe Ausschau nach einem Brett zu halten."

„Ach so", lachte der Storch, „das ist etwas anderes. Auf diese Art und Weise helfe ich euch natürlich gerne." Gleich darauf startete er aus seinem Nest und schwang sich in die Lüfte. Nach nur wenigen Minuten kam der Storch aufgeregt mit guten Neuigkeiten zurück. Er hatte ein Brett im Schilf entdeckt, das nur von oben gleich zu erkennen war, und führte Bea und das Pontealon hin.

Die beiden Freunde steckten das Brett in den Rucksack und bedankten sich herzlich beim Storch. Dieser hatte noch einen guten Rat für sie: „Ich habe von oben den Wirkungs-Wolf gesehen, der findet vielleicht auch noch ein Brett für euch. Ich wünsche euch viel Erfolg!"

Kapitel 5: Der Wirkungs-Wolf

„Da hinten ist der Wolf schon, der Storch hatte recht! Ich laufe schnell zu ihm, vielleicht hat er ja auch ein Brett für uns!", rief Bea eifrig und sauste auch schon los. Doch je näher sie dem Wolfsbau kam, desto langsamer wurden ihre Schritte. Sie zögerte. Aus der Nähe wirkte der Wolf ziemlich bedrohlich auf sie, und ihr Mut sank. Sie ließ ihre Schultern hängen, machte sich so klein wie möglich und sprach ihn mit zaghafter Stimme und schräggelegtem Kopf an: „Hallo Wolf, ich bin Bea, wie geht es dir? Oh, du hast wunderschönes Fell, und deine Augen funkeln in der Sonne wie Diamanten. Ich möchte eine Brücke bauen und wollte fragen ..." Weiter kam sie nicht. Der Wolf drehte sich um, ging in seine Höhle hinein und schloss die Eingangstür hinter sich.

Irritiert wandte sich Bea an das Pontealon: „Wieso ist er einfach gegangen? Er hat mir nicht mal richtig zugehört. Was ist passiert, Pontealon? Ich war doch so höflich ..."

Was meinst Du: Was hätte Bea besser machen können?

Das Pontealon musste sich ein Schmunzeln verkneifen. Es kannte den Wirkungs-Wolf und war dadurch nicht überrascht von dessen Reaktion. „Weißt du, Bea, der Wirkungs-Wolf ist

ein ausdrucksstarkes und imposantes Tier. Wenn du von ihm ernst genommen werden möchtest, tritt ihm doch einfach mal genauso entschlossen entgegen."

Bea überlegte kurz und dachte dann: „Kann es wirklich so einfach sein? Ich versuche es." Sie straffte ihre Schultern, strich ihr Kleid glatt und klopfte mit ihrer Faust zweimal fest gegen den Höhleneingang. Der Wolf öffnete die Tür und herrschte sie an: „Was willst du von mir?" Bea erschrak, besann sich aber darauf, was das Pontealon ihr gesagt hatte, reckte ihr Kinn nach vorn und antwortete mit klarer, fester Stimme: „Ich brauche ein Brett für meine Brücke, die ich bauen will. Du hast direkt vor deiner Höhle eins liegen. Gibst du es mir?" Der Wolf schaute sich das Brett an, überlegte kurz und zuckte dann mit seinen Schultern. „Na, wenn es sonst nichts ist, nimm es dir ruhig mit." Der Wirkungs-Wolf nickte den beiden noch einmal kurz zu und verschwand ohne ein weiteres Wort in seiner Höhle.

Stolz nahm sich Bea das Brett, wandte sich dann an das Pontealon und fragte: „Wohin jetzt?"

Kapitel 6: Die Kultur-Kuh

Die nächste Station ihrer gemeinsamen Tour war die Kultur-Kuh. Beflügelt von ihrem Erfolg mit dem Wirkungs-Wolf ging Bea direkt auf sie zu und begrüßte sie: „Hallo Kuh, ich möchte eine Brücke bauen und brauche dringend noch Bretter dafür. Ich habe gerade beim Herankommen gesehen, dass hinten beim Stall eins liegt. Würdest du es mir bringen?"

Die Kuh sah sie freundlich an und schaute dann prüfend zum Himmel hinauf. „Wir Kühe gehen immer erst in der Dämmerung zurück zum Stall. Bis dahin dauert es jedoch noch etwas. Ich kann dir das Brett aber gerne später holen", sagte sie.

„So lange will ich nicht warten. Warum kannst du es denn nicht jetzt schnell bringen?", fragte Bea enttäuscht. Die Kuh schüttelte den Kopf und antwortete: „Wir Kühe gehen nun mal im Morgengrauen vom Stall zur Weide und erst bei Einsetzen der Dämmerung wieder zurück. Das machen wir einfach so." „Dann hole ich es mir selbst", rief Bea trotzig. Die sonst so ruhige Kuh wurde nervös: „Nein, das darfst du nicht. Vor Einbruch der Nacht darf niemand zum Stall gehen."

Das Pontealon zog Bea zur Seite und flüsterte ihr ins Ohr: „Jeder meiner Freunde hat seine Besonderheiten. Der Kultur-Kuh sind wiederkehrende Abläufe sehr wichtig. Ihr Tagesablauf ist wie ein Ritual für sie. Dadurch zeigt sie, dass sie eine Kuh ist, genau wie die anderen in ihrer Herde. Sie fühlt sich dann zugehörig. Pass dich dem Ablauf der Kuh an, dann wirst du das Brett sicher von ihr bekommen."

Bea kämpfte mit ihrer Ungeduld, setzte sich aber dann ins Gras neben das Pontealon, schaute der Kuh beim Grasen zu und ließ sich einen Apfel schmecken, den sie bei den Waschbären als Proviant für sich selbst gepflückt hatte. Bei Anbruch

der Dunkelheit folgte sie der Kuh zum Stall und ließ sich das Brett aushändigen.

Gibt es auch in Deiner Familie oder Deinem Freundeskreis Rituale, die täglich oder regelmäßig auf die gleiche Weise ablaufen?

Das Pontealon drehte sich um, damit Bea ihr sechstes Brett im Rucksack verstauen konnte. Es wurde nun schnell immer dunkler, und Bea sagte traurig: „Oje, die meisten deiner Freunde werden vermutlich schon bald schlafen. Heute werden wir wohl keine Bretter mehr erhalten." Zu ihrer Überraschung grinste das Pontealon und sagte: „Du hast recht, viele meiner Freunde schlafen in der Nacht. Doch derjenige, den wir als Nächstes besuchen wollen, wird gerade erst wach."

Kapitel 7: Der Umgangsformen-Uhu

Bea und das Pontealon gingen wieder in den Wald hinein. Bea hielt das Pontealon dabei fest an der Hand. Dennoch erschrak sie, als ein Paar große leuchtende Augen sie plötzlich aus der Dunkelheit heraus anstarrten. „Keine Sorge, das ist nur mein Freund, der alte, weise Umgangsformen-Uhu", beruhigte sie das Pontealon. Jetzt konnte Bea ihn auch erkennen: Ein vornehmer alter Uhu saß auf einem Ast und hatte einen Flügel um ein Brett geschlungen. Sie lachte erleichtert laut auf und rief: „Hey, du, alter Uhu, ich brauche noch ein Brückenbrett. Gib mir deins, ja?"

Der Uhu zog seine Brauen verärgert zusammen und entgegnete empört: „Du ungezogenes Kind, ich bin schon 70 Jahre alt und habe so viel erlebt und gesehen. Ich möchte, dass man mir mit Respekt begegnet!" Mit einem letzten wütenden Blick drehte er, ohne den Körper zu bewegen, den Kopf um 180 Grad und sah in die entgegengesetzte Richtung.

Wie hättest Du mit dem Uhu gesprochen? Warum?

Bea schlug erschrocken die Hand vor den Mund. Das hatte sie nicht gewollt! Das Pontealon erklärte: „Jeder meiner Freunde verhält sich auf eine unterschiedliche Art und Weise und erwartet das auch von anderen. Dem Uhu ist z. B. gutes

Benehmen besonders wichtig. Das erkennst du auch an seinem Äußeren. Probier es doch mal höflicher, vielleicht stößt du dann auf mehr Gehör."

Betreten sah Bea nach unten auf den Waldboden. Dann sammelte sie sich und sprach den alten Uhu erneut an: „Bitte entschuldigen Sie, Herr Uhu. Ich war eben sehr unhöflich. Ich würde gern eine Brücke zum Nachbarberg bauen, um dort mit den Kindern spielen zu können. Dafür bräuchte ich noch ein paar Bretter. Würde es Ihnen etwas ausmachen, mir Ihres zu geben?"

Der Uhu dreht sich sogleich um, lächelte verhalten und entgegnete: „Na so was, wer so höflich fragt, dem kann ich keinen Wunsch abschlagen! Hier ist das Brett." Er hüpfte auf einen tiefer hängenden Ast und übergab Bea sein Brett. Bea jauchzte vor Freude, bedankte sich, und schon befand sich auch das siebte Brett im Rucksack.

Es war schon spät geworden, und Bea unterdrückte ein Gähnen. Das entging dem Uhu nicht, und er lud sie und das Pontealon ein, die Nacht bei ihm auf dem weichen Moos unter dem großen Baum zu verbringen. Er würde auf sie aufpassen. Beide willigten ein und entschieden, ihre Suche nach weiteren Brettern erst am nächsten Morgen fortzuführen. Nach einer leckeren Mahlzeit aus Nüssen, Beeren und frischem Quellwasser fielen sie schnell in einen tiefen Schlaf.

Kapitel 8: Der Erscheinungsbild-Elefant

Bea erwachte am nächsten Morgen ausgeruht und voller Tatendrang. Nach einem leckeren Frühstück aus den Früchten des Waldes, das ihnen der gute Uhu vorbereitet hatte, bevor er sich schlafen legte, machten sie sich gestärkt auf den Weg. Auf Beas Frage, wen sie als Nächstes besuchen würden, antwortete das Pontealon nur geheimnisvoll: „Mein nächster Freund wird dich beeindrucken, lass dich überraschen."

Nach einer Weile erreichten sie eine Waldlichtung. Bea blieb vor Staunen der Mund offen stehen, und sie glaubte ihren Augen nicht zu trauen: Mitten auf der Lichtung stand ein ausgewachsener Elefant, der genüsslich mit seinem Rüssel Blätter von einem hohen Baum pflückte. Mit einem großen Satz sprang sie hinter das Pontealon, doch dieses lachte vergnügt und sagte: „Der Erscheinungsbild-Elefant ist ein ganz lieber Freund von mir. Du brauchst keine Angst vor ihm zu haben, er tut keiner Fliege etwas zuleide." „Aber was macht denn ein Elefant mitten im Wald?", wollte Bea wissen und kam nun neugierig wieder hinter dem Pontealon hervor. „Sein Zirkus wurde aufgelöst, und der Direktor hat es allen Tieren freigestellt, in den Zoo zu gehen oder im Wald zu bleiben. Der Elefant und ein paar seiner Freunde haben sich für die Freiheit im Wald entschieden." „So hätte ich auch gewählt", nickte

Bea und ging ein paar Schritte auf den Elefanten zu. Noch immer etwas schüchtern sagte sie: „Hallo Elefant." Als dieser nicht reagierte, probierte sie es nochmals und rief mit aller Kraft: „Haaaaaallo, Elefaaa-haaant, hier uuuuuunten!" Doch auch nach mehreren Versuchen schien der Elefant Bea nicht zu hören und verspeiste weiter sein Blätterfrühstück. Niedergeschlagen setzte sie sich auf einen Baumstamm und sah das Pontealon fragend an.

Wie könnte Bea die Aufmerksamkeit des Elefanten erringen?

„Vielleicht fällt dir ja eine andere Möglichkeit ein, um in das Blickfeld des Elefanten zu gelangen", schlug das Pontealon vor. Bea legte wie immer beim Überlegen einen Finger an die Nase und hatte dann eine Idee: „Ich könnte mit deiner Hilfe auf den Baum vor dem Elefanten klettern. Schließlich hat mir die Grundüberzeugungs-Gämse gezeigt, wie das geht. Dann erreiche ich ihn besser." Das Pontealon nickte anerkennend und verhalf Bea mit einer Räuberleiter auf einen dicken Ast. Jetzt war sie fast auf Augenhöhe mit dem Elefanten. Sie hielt sich gut an einem Ast fest und rief nochmals – in das Ohr des Elefanten: „Hallo Elefant."

Der Elefant zuckte verwundert mit den Ohren. So laut und deutlich hatte ihn seit Jahren niemand mehr angesprochen. Er sah Bea an, grüßte zurück und fragte: „Ja was machst du denn hier oben auf dem Baum?" Bea erklärte: „Von unten hast du mich nicht sehen oder hören können, deshalb habe ich versucht, auf deine Höhe zu kommen." Der Elefant entgegnete begeistert: „Ja, dort kann ich dich wirklich gut sehen! Wir sind ja nun sozusagen gleich groß. Was kann ich denn für dich tun?" Bea erklärte dem Elefanten ihr Vorhaben und freute sich, dass er großes Interesse zeigte und ihr viele Fragen stellte. Schließlich übergab der Elefant das Brett, das er an seinem Sattel gehabt hatte, mit seinem Rüssel an das Pontealon, das alles vom Boden aus beobachtet hatte. Bea bedankte sich bei ihm und gab ihrem neuen Freund zum Abschied ein paar

Nüsse, die sie noch vom Frühstück übrig hatte.

Als sie wieder auf dem Boden stand, sagte das Pontealon: „Siehst du, wie wichtig es sein kann, wie du für andere erscheinst. Manchmal hilft es, wenn andere etwas Vertrautes an uns erkennen und wir uns auf ihre Augenhöhe begeben, damit sie uns (zu)hören können."

Kapitel 9: Die Sinnes-Schlange

Bea und das Pontealon verließen den Wald. Ihr Weg führte sie nun in ein steppenartiges Gebiet, in dem nur wenige karge Bäume und Sträucher wuchsen. Hier lebte eine weitere Freundin des Pontealons, die große Sinnes-Schlange. Das Pontealon hatte unterwegs bereits von ihr erzählt, und so hatte Bea keine Angst vor ihr. Die Schlange schlief gerade zusammengerollt in der Sonne. Sofort entdeckte Bea das Brett, das der Körper der Schlange umhüllte. Bea überlegte: „Wir können sie doch nicht einfach wecken, oder?" „Das ist schon in Ordnung", sagte das Pontealon „Schlangen schlafen sehr viel, aber nicht besonders tief, damit sie immer die Umgebung um sich herum wahrnehmen können. Wecke sie ruhig."

Also sagte Bea höflich: „Hallo Schlange, guten Morgen!" Aber die Schlange reagierte nicht. Als sie auch nach immer lauteren Rufen nicht aufwachte, drehte sich Bea vorwurfsvoll zum Pontealon um und meinte: „Du hast doch gesagt, dass Schlangen nicht so tief schlafen, wieso hört sie mich dann nicht?" Das Pontealon antwortete: „Bea, das ist eine seltene Sinnes-Schlange, sie hört nur sehr wenig. Aber wie jedes Lebewesen besitzt sie andere ausgeprägte Sinneskanäle, die ihr helfen, sich zu orientieren und zu verteidigen."

Welche Sinne und Sinnesorgane kennst Du?

„Aber was kann ich denn noch tun?", fragte Bea etwas hilflos. „Berühr sie doch mal, um sie zu wecken", schlug das Pontealon vor. Bea tat, wie ihr geheißen, und streichelte der Schlange leicht über den Körper. Sofort schnellte der Kopf der Schlange nach oben und sie blickte Bea mit großen Augen an. Bea lächelte ihr zu und hob zur Begrüßung die Hand. Aber wie sollte sie der Schlange nun klarmachen, dass sie gerne das Brett hätte, um das sie ihren Körper geschlungen hatte? Nachdenklich fuhr sie mit der Hand in die Tasche ihres Kleides. Dort ertasteten ihre Finger ihren Stift, den sie immer bei sich trug. „Ach, wenn ich doch nur Papier hätte", seufzte sie. Lächelnd zog das Pontealon einen Malblock aus seinem Rucksack: „Ich dachte mir schon, dass wir den brauchen würden." Begeistert zeichnete Bea eine Brücke auf das Papier. Diese zeigte sie der Schlange und deutete auf das Brett. „Ahhh", sagte die Schlange. „Du möchtessst diesssesss Brett haben?" Bea nickte erfreut, und die Schlange wickelte sich langsam vom Brett ab, sodass Bea es sich nehmen konnte.

Nachdem Bea freudestrahlend der Schlange zum Dank über den Kopf gestrichen hatte, ergänzte diese: „Ich weisss, wer noch ein Brett hat, versssuch esss mal beim Sssoma-Schaf auf der Weide! Dort geht esss lang." Dabei zeigte die Schlange

mit ihrem Klapperschwanz in die entsprechende Richtung. Vergnügt winkend machten sich Bea und das Pontealon in die Richtung auf, in die die Schlange gewiesen hatte.

Kapitel 10: Das Soma-Schaf

Der Wald lichtete sich, und Bea betrat mit dem Pontealon eine große Wiese. Am Rande der Wiese entdeckten sie einen gelben Fleck – ein Schaf graste dort genüsslich, umgeben von gelb leuchtendem blühendem Raps. Beim Näherkommen erkannte Bea, dass das Schaf mit den Hinterbeinen auf einem weiteren Brückenbrett stand. Sie freute sich und lief sofort auf das Schaf zu. „Hallo, liebes Soma-Schaf", begrüßte Bea es freundlich. „Ich bin Bea, und ich möchte eine Brücke bauen, um mit den Kindern auf dem Nachbarberg spielen zu können. Würdest du mir dafür dein Brett schenken?" Das Schaf unterbrach kurz das Fressen und schaute Bea blinzelnd an. Dann wanderte sein Blick hinüber zum Pontealon in seinem weißen Schafskostüm, und seine Züge verhärteten sich. Schnell wandte das Schaf den Kopf ab und begann wieder zu grasen.

„Aber – was ist jetzt passiert? Was hätte ich dieses Mal anders machen sollen?", wollte Bea enttäuscht vom Pontealon wissen. Das Pontealon zuckte ebenfalls überrascht mit den Achseln und legte die Stirn in Falten. Dann fiel es ihm wie Schuppen von den Augen. „Oje, dass ich das nicht bedacht habe … Das Schaf wurde in der Vergangenheit oftmals wegen seiner gelben Farbe von den weißen Schafen gehänselt. Weißt du, das Gehirn verknüpft gute und schlechte Erfahrungen mit be-

stimmten Dingen, die uns daran erinnern. Das Schaf hat bestimmt mein weißes Kostüm gesehen und wurde dadurch an die Hänseleien erinnert."

Was könnten die anderen Schafe zum gelben Schaf gesagt haben? Wie hat sich das gelbe Schaf dann gefühlt?

„Dann zieh es doch einfach aus", schlug Bea vor. Das Pontealon sah sich um und grinste. „Nein, ich habe eine viel bessere Idee", und noch bevor es den Satz vollendet hatte, sprang es mit einem großen Hopser mitten in die goldgelben Rapsblüten. Nach einigen Hüpfern war das vorher weiße Kostüm gelb gefärbt. Bea kicherte beeindruckt: „Was für eine tolle Idee! So können wir das Schaf daran erinnern, wie schön es ist, dass es auch andersfarbige Schafe gibt." Mit jetzt gelbem Schafskostüm näherte sich das Pontealon dem Schaf. Bea begleitete es und nahm erneut Kontakt auf: „Hallo, liebes Soma-Schaf ..." Das Schaf schaute unwillig auf, doch nach einem kurzen Ausdruck des Erstaunens erhellte sich seine Miene und es lächelte. „Du kannst mein Brett gern mitnehmen, Bea, ich wünsche dir viel Erfolg bei deinem Vorhaben!" Es nahm seine Beine vom Brett und schob es Bea entgegen. Diese nahm es dankbar und steckte es in den Rucksack. Zum Abschied sprang das Pontealon noch einmal mit Anlauf in das Rapsfeld – Bea vermutete, dass ihm das insgeheim riesigen Spaß machte.

„Ich würde vorschlagen, wir gehen als Nächstes zum Ressourcen-Reh und fragen nach, ob es auch ein Brett für uns hat",
sagte das Pontealon, als es sich außer Sichtweite des Schafes
das Kostüm auszog. „Das Reh ist viel in Wald und Wiesen unterwegs und sammelt viele Dinge. Doch lass uns zuvor noch
etwas von dem Raps pflücken, der hier gleich neben der Wiese blüht. Damit können wir dem Ressourcen-Reh sicher eine
Freude machen."

Kapitel 11: Das Ressourcen-Reh

Als der Raps im Rucksack verstaut war, gingen Bea und das Pontealon zurück in den Wald, um das Ressourcen-Reh zu suchen. Wenig später fanden sie es – es sprang wild im Laub umher und wühlte mit den Vorderbeinen darin herum. Offenbar suchte es etwas und sah dabei müde und gestresst aus. Dennoch ging Bea vorsichtig auf das Reh zu und begrüßte es: „Hallo Ressourcen-Reh, ich bin Bea, und das Pontealon und ich, wir sind auf der Suche nach einem weiteren Brett für eine Brücke, die ich bauen möchte. Wir haben schon einige gesammelt, aber vielleicht kannst du uns noch eins geben?" Sie zeigte dabei auf den Rucksack mit den Brettern. „Dafür habe ich jetzt wirklich keinen Kopf", entgegnete das Reh patzig, ohne Bea auch nur anzusehen, und wühlte weiter in den Blättern. „Ich sterbe fast vor Hunger, und irgendwo hier müssen meine Raps-Vorräte liegen. Die können doch nicht schon leer sein!"

Ist Dir das auch schon einmal passiert, dass Du jemandem nicht zuhören wolltest oder konntest, weil Du hungrig warst oder es Dir nicht gut ging?

Das Pontealon öffnete sofort den Rucksack und gab Bea den für das Reh gepflückten Raps. Es sagte leise zu Bea: „Ich wuss-

te doch, dass es nicht schaden kann, dem Reh etwas zu essen mitzubringen. Es ist ein bisschen zerstreut und findet manchmal seine Vorräte nicht. Wenn man hungrig ist, kann man sich nur schlecht auf andere Dinge konzentrieren. Das Gleiche gilt zum Beispiel auch, wenn man gestresst, müde oder krank ist, das hast du sicher selbst schon erlebt." Bea nickte, näherte sich dem Ressourcen-Reh und hielt ihm den Raps hin. „Hier, für dich …" Sofort stürzte sich das Reh darauf und kaute genüsslich. Nachdem es seinen ersten Hunger gestillt hatte, sagte das Reh noch immer kauend: „Hmmm, danke sehr, euer Raps kam genau zur rechten Zeit. Sag mal, du hast vorhin etwas von einem Brett gesagt … Irgendwo hier liegt tatsächlich eins. Nachdem ich gegessen habe, suche ich es gerne für dich."

Das Reh hielt sein Versprechen, und kurze Zeit später gingen Bea und das Pontealon glücklich mit ihren mittlerweile elf gesammelten Brettern wieder ihres Weges. „Ich denke, wir haben langsam genug Bretter für deine Brücke. Ich schlage vor, wir gehen noch bei der Gen-Giraffe vorbei und dann zurück zu meinem Haus, damit du dort die Brücke bauen kannst." „Klasse", rief Bea begeistert und klatschte in die Hände. Sie war voller Vorfreude auf ihre Brücke und malte sich bereits aus, wie sie aussehen würde.

Kapitel 12: Die Gen-Giraffe

Die Gen-Giraffe war nicht zu Hause, und nach einer Weile des Rufens und Suchens entschieden Bea und das Pontealon schweren Herzens, schon jetzt wieder zum Haus des Pontealons zu gehen, wo Bea die Brücke bauen wollte. Vielleicht reichten ja auch die elf gesammelten Bretter aus. Dort angekommen, breiteten sie die Bretter und Seile, die das Pontealon schnell aus dem Haus geholt hatte, auf dem Boden aus. Währenddessen sprachen sie von den vielen Freunden, die sie besucht hatten, und freuten sich, dass auch Bea zu ihnen eine Verbindung aufbauen und das Pontealon seine zu ihnen festigen konnte.

Doch als Bea dann zu dem Nachbarberg hinübersah, auf dem wieder die anderen Kinder spielten, wurde sie traurig. Jetzt hatte sie zwar die Bausteine für die Brücke beisammen, doch sie und das Pontealon waren viel zu klein und ihre Arme viel zu kurz, um die Brücke auf der anderen Seite zu verankern. Wie sollten sie das jemals schaffen?

Da raschelte es plötzlich hinter ihnen und die imposante Gen-Giraffe erschien. „Man hat mir gesagt, dass ihr mich sucht. Der ganze Wald spricht davon, dass ihr eine Brücke bauen wollt und dazu noch ein Brett benötigt. Schaut, hier habe ich euch eines mitgebracht." Mit einem Ruck schüttelte sie das Brett ab,

das sie auf ihrem Rücken transportiert hatte. Mit einem sanften Plumps fiel es zu den anderen auf den Stapel. „Wie schön, dass du da bist, nun können wir beginnen!", rief das Pontealon mit einem breiten Grinsen. Bea stutzte zunächst bei diesem Worten, doch dann breitete sich auch über ihr Gesicht ein Lächeln aus. Sie wandte sich an die Giraffe und sagte herzlich: „Vielen vielen Dank, dass du uns das Brett gebracht hast. Jetzt reichen die Brückenbretter sicher bis auf die andere Seite." Sie fügte noch hinzu: „Unsere Arme sind aber leider viel zu kurz, um die Verankerung am Nachbarberg zu befestigen. Kannst du uns helfen?" „Ich arbeite sehr gerne mit dir zusammen", antwortete die Gen-Giraffe. „Du hast den Plan erstellt und die Bretter gesammelt, und ich bin mit einem langen Hals geboren. Wir sind ein prima Team. Du zeigst mir, wo ich die Seile verankern und die Bretter hinlegen soll, und ich nutze meine Größe und meinen langen Hals, um die Brücke zu bauen."

Manche unserer Eigenschaften und Teile unseres Aussehens (wie z. B. unsere Haarfarbe) sind angeboren. Warum wohl haben Menschen unterschiedliche Hautfarben?

Bea fiel ein großer Stein vom Herzen. Auf einmal fügte sich alles zusammen. Dankbar sah sie zur Giraffe hinauf und dann hinüber zum Pontealon. Nun würden sie den Plan umsetzen und die Brücke bauen können; gemeinsam würden sie das schaffen, da war sie sich ganz sicher.

Die Brücke

Gesagt, getan. Zunächst steckten die drei ihre Köpfe zusammen und berieten, wie sie beim Bau vorgehen wollten. Dann rief Bea der Giraffe zu, was sie tun sollte, und diese verband geschickt die Seile mit dem Nachbarberg und befestigte die Bretter daran. Auf der anderen Seite des Berges war diese Aktion natürlich nicht unbemerkt geblieben – die anderen Kinder bejubelten jedes Brückenbrett, das verlegt wurde, und verfolgten das Geschehen mit großem Hallo.

Nach einiger Zeit war die Brücke tatsächlich fertig. Mittlerweile hatten sich auch die Freunde des Pontealons versammelt. Auch sie wollten die Brücke betrachten und Bea zu ihrem Erfolg beglückwünschen. Bea stand mit Freudentränen in den Augen vor der Brücke. Da trat das Pontealon zu ihr. Auch in seinen Augen glitzerten Tränen. „Es braucht viele verschiedene Bretter, um eine Brücke zu bauen. Und du konntest sie alle sammeln", sagte es. „Oh Pontealon, ohne dich hätte ich das nie und nimmer geschafft!" Bea umarmte das Pontealon fest und dankte ihm. „Ich habe jetzt verstanden, dass ich eine Verbindung zu anderen aufbauen kann, indem ich auf sie zugehe und mich an ihre Besonderheiten anpasse. Daran werde ich mich immer erinnern."

Bea drehte sich noch einmal um und winkte ihren alten Freunden zu, dann lief sie vergnügt über die Brücke und wurde dort von ihren neuen Freunden empfangen.

Liebe Lena, lieber Tim, danke, dass ich durch euch diese star-ke Verbindung erfahren und spüren darf.

Eure Mama Nina

Liebe Eltern

„Der Fokus in Gesprächen wird zu oft rein auf den Inhalt gelegt. Doch nur, wenn auch eine Verbindung, eine Brücke zu anderen Menschen besteht, gelingt der Austausch. Diese Verbindung ist die sogenannte emotionale Aufnahmebereitschaft. Nur wenn andere aufnahmebereit sind und uns die Berechtigung geben, zu kommunizieren, können sie tatsächlich etwas aufnehmen, annehmen und ggf. nachhaltig umsetzen oder verändern. In Gesprächen gewinnen oder verlieren Sie die Aufnahmebereitschaft Ihres Gegenübers (wie Bea bei den verschiedenen Tieren), abhängig von dessen Wahrnehmungsfiltern. Jedem dieser zwölf wichtigen Filter haben wir jeweils ein Kapitel dieses Buches gewidmet; sie sind nachfolgend beschrieben.

Meinen Namen habe ich übrigens von unserem Unternehmen PONTEA – auch PONTEA hilft dabei, Brücken zu bauen, passt sich so an seine Kunden an, wie diese es brauchen, entwickelt andere weiter und trägt dazu dabei, dass wir alle besser und erfolgreicher kommunizieren und führen."

Metaprogramme (die Meta-Maus)

Dies sind übergeordnete Programme, die typische Muster im Denken, Handeln und Sprechen eines Menschen bestimmen; sie beeinflussen, wie ein Mensch motiviert wird, Informationen versteht, am wirkungsvollsten arbeitet, prüft und Entscheidungen trifft.

Die Meta-Maus liebt es, eine Wahl zu haben; erst als Bea ihr die Entscheidung überlässt, ob sie ihr helfen möchte oder nicht, und ihr die Vorteile vor Augen führt und eine Alternative anbietet, ist sie bereit zu helfen.

Wert (der Werte-Waschbär)

Ein Wert ist etwas, das einem Menschen wichtig ist, das ihm Bedeutung und Motivation gibt und wie und wodurch er sich führen lässt; oft unbewusst und sehr subjektiv, aber mit vermeintlich objektiver Gültigkeit.

Die Gesundheit ihrer Familie ist Mama Waschbär sehr wichtig, und daher legt sie auch großen Wert auf gesunde Ernährung. Erst als Bea diesen Wert respektiert und auf sie eingeht, erhält sie Hilfe.

Grundüberzeugungen (die Grundüberzeugungs-Gämse)

Grundüberzeugungen sind persönliche Lebensregeln eines Menschen, die meist nicht logisch herleitbar sind, sondern aus Interpretationen und Verallgemeinerungen früherer Erfahrungen sowie aus individuellen Theorien resultieren.

Die Gämse hat aus eigener Erfahrung gelernt, dass uns die persönlichen Überzeugungen daran hindern können, etwas zu schaffen, bzw. sogar davon abhalten können, es überhaupt zu versuchen. Doch mit Übung und Durchhaltevermögen ist vieles machbar, was anfangs vielleicht unmöglich erschien. Dieses Wissen gibt sie an Bea weiter, und diese schafft es dadurch, ihre Überzeugung, dass sie nicht klettern kann, abzulegen und so das nächste Brückenbrett zu erlangen.

Stärke (der Stärken-Storch)

Eine Stärke ist das Vorhandensein einer besonderen Fähigkeit oder Begabung auf einem bestimmten Gebiet, durch die jemand eine außergewöhnliche, hohe Leistung erbringt:

Stärke = Talent + Wissen + Fähigkeiten + Fertigkeiten.

Zunächst lehnt es der Storch ab, Bea zu helfen, weil er sich nur auf seine Schwächen fokussiert. Erst als das Pontealon seine Stärken hervorhebt, besinnt er sich darauf und findet das ersehnte Brückenbrett.

Wirkung(santeil) (der Wirkungs-Wolf)

Der Wirkungsanteil ist der – metaphorisch – als „Hund" und „Katze" bezeichnete Anteil eines Menschen, der mehr auf die Beziehung zu anderen Menschen (Hund) oder mehr auf Ergebnisse (Katze) fokussiert.

Der „Katzen"-Anteil im Wirkungs-Wolf ist ziemlich groß und deshalb ist er anfangs nicht an Bea interessiert. Sie versucht nämlich in einer „Hunde-Haltung" eine Beziehungsebene zu ihm aufzubauen, indem sie ihn fragt, wie es ihm geht, und ihm Komplimente macht. Erst als sie mit der richtigen Körpersprache direkt auf den Punkt kommt, hört er ihr zu.

Kultur (die Kultur-Kuh)

Unter „Kultur" verstehen wir die kollektive Programmierung des Geistes, die die Mitglieder einer Gruppe oder Kategorie von Menschen von einer anderen unterscheidet; diese zeigt sich durch gemeinsame Werte, Grundüberzeugungen, Rituale, Helden und Symbole.

„Kühe gehen nun mal erst bei Einsetzen der Dämmerung zurück zum Stall" – so haben die anderen Kühe unsere Kultur-Kuh „programmiert", und als Teil der Herde hat sie diese Denkweise gern übernommen. Bea muss das akzeptieren, nur so erhält sie das gewünschte Brückenbrett.

Umgangsformen (der Umgangsformen-Uhu)

Umgangsformen zeigen sich am Verhalten eines Menschen im Zusammenhang mit anderen Menschen in sozialen Situationen; sie können von der Etikette abweichen.

Allein schon an seinem Erscheinungsbild erkennt man, dass es sich bei dem Uhu um einen Herren handelt, der Wert auf gepflegte Umgangsformen legt. Beas schnodderige Art kommt bei ihm natürlich nicht gut an, und erst als Bea sich auf ihre guten Manieren besinnt, ist der Uhu bereit, ihr zuzuhören und zu helfen.

Erscheinungsbild (der Erscheinungsbild-Elefant)

Das Erscheinungsbild eines Menschen ist zusammengesetzt aus physiologischen Faktoren, seiner Körpersprache und seinem Stil.

Der Elefant in unserer Geschichte lebt aufgrund seines Erscheinungsbildes (imposante Größe, kleine Augen, …) sozusagen auf einer „höheren Ebene" – alles, was sich am Boden abspielt, ist außerhalb seines Sicht- und damit Wahrnehmungsfeldes. Erst als Bea dieses Erscheinungsbild imitiert und sich ihm auf „Augenhöhe" nähert, wird sie von ihm gesehen und gehört.

Sinneskanal (die Sinnes-Schlange)

Der Sinneskanal ist ein physiologischer Wahrnehmungskanal für Informationen aus der Umwelt über Sinnesorgane (z. B. visuell über das Auge, auditiv über das Ohr).

Die Sinnes-Schlange reagiert in erster Linie über den kinästhetischen und den visuellen Wahrnehmungskanal, das heißt, sie reagiert auf Berührung und Bilder. Das Hören ist für sie nicht so wichtig, und sie achtet kaum auf solche Reize. Bea muss sich auf sie einstellen und so mit der Schlange Kontakt aufnehmen, wie diese es bevorzugt.

Somatischer Marker (das Soma-Schaf)

Somatische Marker sind Signale des Erfahrungsgedächtnisses eines Menschen, die er durch Körperempfindungen, Emotionen oder Geschehen im Kopf wahrnimmt.

Das Soma-Schaf ist zwar nicht als „schwarzes", aber doch als gelbes Schaf geboren worden, und leidet darunter, anders auszusehen als der Großteil der anderen Schafe, weil sich diese immer über seine Fellfarbe lustig machen. Hier hat das Pontealon nicht nachgedacht und mit dem weißen Schafskostüm alte Wunden aufgerissen, also einen negativen somatischen Marker ausgelöst. Erst durch das bewusste „Gelbfärben" des weißen Fells erkennt das Schaf, dass Bea und das Pontealon es nicht hänseln wollen, und ist bereit, ihnen zuzuhören.

Ressourcenzustand (das Ressourcen-Reh)

Der Ressourcenzustand eines Menschen entscheidet, wie gut oder schlecht dieser in einer Situation auf seine eigenen inneren Ressourcen (z. B. auf persönliche Eigenschaften, Stärken, Fähigkeiten, positive Erfahrungen oder Erinnerungen) zugreifen kann.

Das Reh vergisst häufiger, wo es seine Vorräte versteckt hat, und hat dadurch oft Hunger. So kann es sich kaum auf andere Dinge konzentrieren, da dieses Grundbedürfnis immer Vorrang hat und es ungestillt das Reh in einen schlechten Ressourcenzustand versetzt. Erst als Bea und das Pontealon das Hungergefühl stillen, kann sich das Reh ihnen zuwenden und helfen.

Genetische Voraussetzungen (die Gen-Giraffe)

Genetische Voraussetzungen sind (körperliche) Merkmale (wie z. B. Haut- und Haarfarbe oder Talente), die von den Eltern mittels Vererbung an die Kinder weitergegeben werden.

Über Jahrtausende hat sich der lange Hals der Giraffe entwickelt, um auch an die höchsten Blätter der Bäume zu gelangen und dort Nahrung zu finden. So hat jede Spezies von der Evolution seine Besonderheiten erhalten, und auch innerhalb der Spezies vererben Eltern ihren Nachkommen ihre speziellen Fähigkeiten oder Merkmale. Es gilt, seine besonderen Fähigkeiten und Merkmale zu nutzen – und genau dies tut die Gen-Giraffe und ermöglicht so erst den Bau der Brücke.

Das Pontealon wiederum hat seine ihm eigene Fähigkeit zur Anpassung an die Umgebung genutzt, um bei anderen emotionale Aufnahmebereitschaft und Berechtigung zu schaffen, und es so Bea ermöglicht, die benötigten Bretter zu sammeln. Bea selbst hat durch ihre Gabe, auf andere zu- und einzugehen und Rat und Führung anzunehmen, viel gelernt und wird nun auch allein Brücken zu anderen bauen können.

„Liebe Eltern, falls Sie mehr darüber erfahren wollen, wie Sie und Ihre Kinder Brücken der emotionalen Aufnahmebereitschaft und Berechtigung zu anderen bauen können, lesen Sie das Buch ‚Kommunizieren heißt scheitern' und schauen Sie auf die Homepage www.pontea.ch.

Auch ich, Bea, trage meinen Namen nicht zufällig – er besteht aus den Anfangsbuchstaben der für eine gelungene Kommunikation so wichtigen Begriffe ‚Berechtigung' und ‚Emotionale Aufnahmebereitschaft'."

Mögliche Antworten auf die aktivierenden Fragen

Urlaub!

Hast Du eine Idee, wie Bea eine Verbindung zum Nachbarberg herstellen könnte?

Die einzig plausible Antwort ist „eine Brücke bauen". Natürlich sind der Fantasie keine Grenzen gesetzt: Man könnte auch mit einem Paraglider hinüberfliegen 😊.

Die Meta-Maus

Sieh Dir das Bild an: Warum trägt das Pontealon wohl eine Käse-Kette?

Das Pontealon wird sich immer, wenn es einen Freund trifft, auf diesen einstellen und ein Accessoire tragen, das an den Freund erinnert. So zeigt es Vertrauen und Anteilnahme und schafft eine Atmosphäre, in der das Gegenüber eher bereit ist, zuzuhören und gegebenenfalls auch zu helfen.

Der Werte-Waschbär

Warum verzieht die Waschbärmama wohl das Gesicht, als sie die Lollis sieht?

Möglicherweise möchte sie nicht, dass ihre Jungen Süßigkeiten essen. Oder die Familie mag keine Lollis.

Die Grundüberzeugungs-Gämse

Warum sieht Bea so traurig aus?

Sie hat das Brett hoch oben über der Gämse entdeckt und glaubt nicht daran, dass sie es jemals bekommen kann.

Der Stärken-Storch

Findest Du ein weiteres Brett für Bea in dem Bild?
Das Brett versteckt sich tief im Schilf.

Der Wirkungs-Wolf

Was meinst Du: Was hätte Bea besser machen können?
Bea hat sich dem Wolf gegenüber möglicherweise nicht richtig verhalten. Vielleicht ist er eher ein „Raubein" und mag keine Schmeicheleien.

Die Kultur-Kuh

Gibt es auch in Deiner Familie oder Deinem Freundeskreis Rituale, die täglich oder regelmäßig auf die gleiche Weise ablaufen?

Hier sollten die Kinder Beispiele aus ihrem Alltag bringen können: ein fester Ablauf, bevor sie ins Bett gehen, vielleicht ein Gebet, auch ein „traditioneller" Ablauf eines Feiertags wie Weihnachten ist ein Ritual oder das Ausblasen der Kerzen auf dem Geburtstagskuchen verbunden mit einem Wunsch, der in Erfüllung gehen mag.

Der Umgangsformen-Uhu

Wie hättest Du mit dem Uhu gesprochen? Warum?

Der Uhu wirkt mit seiner Fliege und dem Monokel sehr vornehm; Bea hätte aus seinem Äußeren darauf schließen können, dass er sich auch verbal eher vornehm ausdrückt und Gleiches von seinem Gesprächspartner erwartet.

Der Erscheinungsbild-Elefant

Wie könnte Bea die Aufmerksamkeit des Elefanten erringen?

Sie könnte winken und hopsen, einen großen Ast schwenken. Oder sie könnte sich größer machen, damit sie ihm besser ins Auge fällt.

Die Sinnes-Schlange

Welche Sinne und Sinnesorgane kennst Du?

Man geht in der Regel von fünf Sinnen aus, mit denen wir unsere Umwelt wahrnehmen: Sehen, Hören, Fühlen, Riechen oder Schmecken. Die dazugehörigen Organe sind Auge, Ohr, Tastsinn, Nase und Mund.

Das Soma-Schaf

Was könnten die anderen Schafe zum gelben Schaf gesagt haben? Wie hat sich das gelbe Schaf dann gefühlt?

Die weißen Schafe könnten sich lustig gemacht haben, indem sie Dinge sagten wie „Na, bist du wieder in die Butter gefallen?" oder „Du solltest dich mal wieder waschen". Das gelbe

Schaf wird sich vielleicht nie zugehörig gefühlt und sich immer etwas abseits von den anderen gestellt haben.

Das Ressourcen-Reh

Ist Dir das auch schon einmal passiert, dass Du jemandem nicht zuhören wolltest oder konntest, weil Du hungrig warst oder es Dir nicht gut ging?

Möglicherweise ist den Kindern nicht bewusst, dass sie manchmal ähnlich reagieren wie das Reh. Sie können nur intensiv und aufmerksam zuhören, wenn es ihnen gut geht und sie z. B. nicht müde, hungrig oder krank sind.

Die Gen-Giraffe

Manche unserer Eigenschaften und Teile unseres Aussehens (wie z. B. unsere Haarfarbe) sind angeboren. Warum wohl haben Menschen unterschiedliche Hautfarben?

Die verschiedenen Hautfarben der Menschen haben mit der unterschiedlichen Menge an Farbpigmenten in der Haut zu tun. Diesen „Farbstoff" nennt man Melanin. Melanin schützt uns vor den schädlichen UV-Strahlen der Sonne. Deshalb enthält die Haut von Menschen, die viel der Sonne ausgesetzt sind und an Orten leben, an denen die Sonne intensiv scheint – wie am Äquator –, viel Melanin und ist deshalb dunkler. Diese Färbung wird von den Eltern an die Kinder vererbt.

Autoren

Atilla Vuran

Atilla Vuran ist Unternehmer, Autor von mehreren Büchern und Papa eines Kindes. Seit vielen Jahren beschäftigt er sich mit den Fragen, wie Missverständnisse entstehen, warum wir manchmal nicht verstehen, was andere uns sagen wollen, und warum auch wir uns manchmal nicht verständlich machen können. Warum hören wir einigen Menschen gern zu, aber anderen nicht, und warum räumen unsere Kinder nicht immer ihr Zimmer auf, wenn es ihnen gesagt wird?

Über die Antworten auf diese Fragen hat Atilla schon viele Vorträge für Erwachsene gehalten, er unterrichtet dazu an Universitäten und führt Workshops in Firmen durch. Zusammen mit Nina Harbers hat er beschlossen, sich mit diesem Buch auch an jüngere Menschen zu wenden – denn je früher wir herausfinden, wie wir so mit anderen sprechen können, dass sie uns verstehen und uns zuhören, desto besser werden wir darin.

Dr. Nina Harbers

Nina Harbers ist Unterneh-
merin, Ingenieurin und Mama
zweier Kinder. Zusammen mit
Atilla Vuran hat sie mehrere
Bücher geschrieben und er-
forscht, wie andere von etwas
überzeugt werden und wie sie
geleitet werden können. Sie

weiß, dass es heute leicht ist, an ganz viele Informationen zu
kommen – die Schwierigkeit ist es, die richtigen zu finden und
sie dem anderen so mitzuteilen, dass er sie versteht und dass
sie ihm weiterhelfen.

Das Wissen darüber, wie man es schafft, diese Verbindung zu
anderen Menschen herzustellen, gibt Nina weiter – an Firmen, Universitäten und an andere Trainer, und mit diesem
Buch nun auch an Jüngere. Denn auch sie ist sich sicher, dass
es nie zu früh ist, sich mit diesem wichtigen Thema auseinan-
derzusetzen.

Mitwirkende

Oliver Wnuk	(tiefsinniger Schauspieler und Freund)
Johannes Rascher	(kreativer Wirtschaftsingenieur)
Prof. Jürgen Groll	(visionärer Chemiker)
Karin Vuran	(strukturiertes Organisationstalent)
Dr. Bayram Aslan	(strategischer Ingenieur)
Bigna Ganz	(liebevolle Lernbegleiterin)
Sandra Germann	(warmherzige Unterstützerin)
Claire Boyer	(strahlende Lernbegleiterin)
Claudine Hafner	(hilfsbereite Informatikerin)
Daniela Herr	(wissensdurstige Studentin)
Eva Weilandt	(vorausschauende Architektin)
Catharina Hofmann	(einfühlsame Erzieherin)
Sindy Bornträger	(fröhliche Pädagogin)
Katja Voigt	(interessierte Lehrerin)
Moritz Weilandt	(intellektueller Psychologe)
Arian Steinkopf	(fleißiger Wirtschaftspsychologe)
Lars Czerwonka	(tiefgründiger Wegbegleiter)
Dr. Laura Steinkopf	(schnelle Neurowissenschaftlerin)
Tristan Wolter	(vertrauensvoller Projektleiter)
Dr. Katrin Schlegelmilch	(weitsichtige Biologin)
Mirko Schickner	(Sparringspartner auf Augenhöhe)
Denis Speichinger	(in sich ruhender CEO)
Michael Imhof	(disziplinierter Stratege)
Mirjam Bättig	(vertrauenswürdige Assistentin)
Andreas Schlatter	(analytischer Ingenieur)
Prof. Stefan Jockenhövel	(begnadeter Wissenschaftler)
Anja Hilgarth	(mitdenkende Lektorin)
Alexander Fichtner	(verantwortungsbewusster Zeichner)
Ralf Alex Fichtner	(in ewig verbundener, kreativer Freund)

Atilla Vuran
Führungsexperte

Gunnar Seide
Professor

MENSCH
PROFESSOR

Als Professor Max Urban an jenem Morgen aus dem Taxi stieg, wollte er seinen Augen kaum trauen. Sechs Jahre war es nun her, dass er „seine" Ferdinand-von-Kohlheim-Universität das letzte Mal betreten hatte. Der renommierte Professor für Physik erkannte sein ehemaliges Wirkungsfeld kaum wieder – was hatte sich in dieser Zeit getan! Doch das sollte bei Weitem nicht die einzige Überraschung sein, die Urban erwartete ...

Begleiten Sie Professor Urban auf seinem faszinierenden Weg im Spannungsfeld von Führungsaufgabe, Forschung und Lehre und erleben Sie an seiner Seite eine erstaunliche und unterhaltsame Entwicklung, bis zum verblüffenden Ende des Buches.

DIESES BUCH IST NICHT EINFACH NUR
EIN SPANNENDER ROMAN; ES GIBT ANSTÖSSE ZUR REFLEXION
DER EIGENEN FÜHRUNGSROLLE.

MENSCH PROFESSOR
Roman
Flexcover, 176 Seiten
ISBN 978-3-7664-9953-0

www.pontea.ch